AF585741

L'Art du Papier et le Papier d'Art

DU MÊME AUTEUR

Histoire des Papeteries à la forme d'Arches et d'Archettes (1492-1906). Troisième édition, avec compositions photographiques. Tirage sur papier à la forme d'Arches 6 fr.

ÉVREUX, IMPRIMERIE CH. HÉRISSEY ET FILS

HENRI ONFROY

L'Art du Papier

ET

le Papier d'Art

ENQUÊTE PRÈS DES ARTISTES FRANÇAIS

LES PAPIERS A LA FORME D'ARCHES

PARIS

LIBRAIRIE DES AMATEURS

A. FERROUD — F. FERROUD, SUCCESSEUR

127, BOULEVARD SAINT-GERMAIN, 127

1906

L'ART DU PAPIER

ET

LE PAPIER D'ART

OBJET DE NOTRE ENQUÊTE

Ceux qui ne sont pas indifférents au passé de notre industrie nationale ont bien voulu trouver quelque intérêt à l'*Histoire des Papeteries à la forme d'Arches et d'Archettes*[1], dont l'origine se perd dans le lointain XVe siècle. Déjà, en effet, sous Charles VIII, elles faisaient battre leurs maillets près des eaux claires du Ruz de Raon, qui se jette dans la Moselle, à trois lieues en amont d'Épinal. Par un hasard unique, les contrats translatifs de propriété, depuis le XVIe siècle, et les registres, servant de copies de lettres, ont été con-

[1] Annales du Musée Social (mémoires et documents) avril 1903.

servés dans les Archives privées de la maison. Les Archives du département des Vosges, les Archives Nationales, la Bibliothèque du musée Carnavalet, les Archives de l'Imprimerie Nationale ont apporté leur contribution, aussi abondante que précieuse, pour sauver de l'oubli le nom de ces vieux maîtres *papelliers*, nous faire revivre leurs jours de misère et de prospérité et pénétrer dans l'intimité de leur vie, plus souvent agitée que paisible.

On s'est demandé comment, en ce pays de Lorraine, foulé, chaque siècle, par toutes les armées d'Europe, cette manufacture avait pu résister à tant de vicissitudes, aux pillages des Suédois, à la Révolution, à l'invasion de 1814 et 1815, à 1870 ! On y a vu un bel exemple d'énergie française. Nous pensons qu'il y a autre chose.

L'art de fabriquer le papier à la forme — pour le dessin, la peinture et l'impression des gravures, — est resté, depuis le XIIIe siècle, et en dépit des progrès du machinisme, un art essentiellement manuel, tout en étant d'une infinie complication. Il n'y en a peut-être pas, dans toute l'industrie moderne, qui lui soit, à cet égard, comparable. Le vrai papier d'art, composé exclusivement de chiffon de lin ou de coton blanc, doit subir, aujourd'hui comme au moyen âge, des trituration et des manipulations fort délicates. Bref, pour faire un papier parfait, il faut d'abord une grande conscience chez le fabricant et ses collaborateurs, une eau particulièrement pure, que l'on trouve à grand'peine, des bras d'artisans habiles, travaillant selon une tradition et avec un tour de main qu'ils tiennent de longues générations.

Les antiques moulins du Ruz de Raon ont eu la fortune de réunir cette triple condition.

Mais notre étude était purement historique. Quelques artistes nous ont suggéré l'idée de la compléter par une enquête près des maîtres du dessin, de l'aquarelle et de la peinture à l'huile, de la lithographie et de l'architecture, pour savoir ce qu'ils pensent des papiers français. Ainsi, *M. Bracquemond* nous a écrit : « La lecture de votre étude sur les papeteries d'Arches et d'Archettes m'a vivement intéressé. Vous n'omettez rien de la partie historique, commerciale, ainsi que du bon accord des patrons et des ouvriers. Tout ce monde devient une sorte de famille ouvrière. Ces divers côtés ont été mis par vous en relief de la façon la plus simple, la plus claire. A cela il faudrait ajouter la *qualité du papier, sa beauté*. Cet ordre d'idées est indiqué lorsque vous parlez du papier fiduciaire. Le papier rend aux arts de très grands services, dont vous ne parlez pas : aquarelle, dessin, papiers d'impression, typographie, taille-douce, lithographie. Il faut joindre le joli papier, le papier élégant, qui, par son filigrane, peut devenir singulièrement personnel. Croyez-vous que, de ce côté, il y ait trop de réclame? Pourtant ces questions ne sont pas à négliger. »

M. Georges Laugée, dans une lettre très documentée — véritable résumé des qualités que doit remplir le papier à dessin et que nous publierons *in extenso*, d'autre part —, termine en disant :

« Étudiez cette question si intéressante de la matière première, qui joue un si grand rôle dans les œuvres d'art, et cette enquête pourra être profitable à tous. »

M. Édouard Detaille nous disait de son côté qu'Arches « est une vieille et noble maison, qui doit tenir son rang dans le monde, parce qu'elle sait marcher avec son temps ». « Nul plus que moi, ajoutait-il, ne souhaite le triomphe de marques françaises. »

Il nous a semblé que l'avis des artistes eux-mêmes et leurs conseils pourraient être utiles et amener peut-être quelques progrès encore dans cette admirable industrie.

En prenant la fabrique d'Arches et Archettes comme type, nous leur avons demandé pourquoi on a parfois préféré aux papiers français les papiers étrangers, sur quelles sortes ils travaillent le plus volontiers, enfin leur opinion sur les produits de « la vieille et noble maison » plus de quatre fois séculaire.

Tel est l'objet de l'enquête dont cet ouvrage n'est que le résumé.

CHAPITRE PREMIER

VISITES AUX ARTISTES

I

Importance de la qualité du papier dans l'œuvre d'art.

Nous n'avons pu interroger tous les maîtres de l'art français. Mais les artistes que nous avons vus appartiennent à toutes les écoles, car, pour être complète, notre enquête devait faire preuve du plus large éclectisme. Ainsi, à côté des graveurs, il nous a semblé que l'avis de leurs collaborateurs, les maîtres imprimeurs en taille-douce, devait être recueilli. Il nous a suffi que les artistes auxquels nous nous adressions eussent du talent et la connaissance parfaite de leur technique.

On comprend l'importance capitale du papier pour l'exécution et la conservation de l'œuvre d'art. Combien de fois avons-nous entendu répéter par les plus grands artistes :

« Votre Enquête vient à son heure. Nous tous, quel que soit le mode d'expression de notre pensée, nous avons un intérêt commun : c'est de ne travailler que sur une matière dont la qualité soit à l'épreuve du temps.

La couleur et le papier sont deux facteurs essentiels à la réussite de nos œuvres.

Trop souvent, celui-ci joue de méchants tours. Ici, au cœur de la feuille, une tache fait un affreux orgelet sur l'œil d'une Anadyomène ; là, un défaut de pâte mue le nez d'Apollon en celui de Cyrano ; une partie, mal collée, souille le brocard d'une robe ou le velours d'un pourpoint, change en nuées opaques un ciel qu'on voulait arcadien. Et voilà le travail gâté, à jamais perdu.

Puis, voyez cette autre misère. Une aquarelle est bien réussie. Elle sera l'honneur d'un salon ; les riches amateurs vont se la disputer. Mais au bout de quelques mois, les couleurs changent de ton. Elles chantent faux comme un violon désaccordé. La couleur employée était cependant de qualité parfaite ; quel est ce mystère ? C'est que le papier, fabriqué sans conscience, mais avec économie, vendu pour du « pur chiffon blanc » n'était fait qu'avec des débris d'étoffes bariolées de toutes les couleurs de l'arc-en-ciel. Ils ont été décolorés à force de substances chimiques, dont le chlore est la moins nocive. Restées dans la pâte, elles se révèlent un jour, grâce au mouillage du papier ou à l'état hygrométrique de l'atmosphère et rongent la peinture à son tour. Encore doit-on s'estimer heureux si ce papier n'est pas composé de ces matières sans nom, que nous manions chaque matin, en lisant notre journal...

Et que dire des papiers que jaunit le soleil, que le temps constelle de taches de rousseur ou d'horribles petites piqûres de rouille ? Que deviendront les roses des visages adolescents.

les aurores dorées, les couchants empourprés? Il ne reste au pauvre artiste, — s'il n'a pas oublié ses classiques, — qu'à se réciter la fable de Perrette :

> Adieu, succès, salon, et médaille et louis d'or...

La qualité de la couleur n'est pas moins importante. Si Géricault avait pu se douter que le bitume, qu'il a si largement dépensé dans son *Naufrage de la Méduse,* ruissellerait, chaque été, sous le vitrage du Louvre, combien amère eût été sa peine ! C'est là un nouveau naufrage auquel il ne s'attendait pas ! Et le portrait de Mme Jarre, sa voisine. Prudhon a-t-il jamais pensé aux craquelures et boursouflements du maudit bitume, qui fait payer si cher les tons chauds et puissants qu'il prête aux artistes, un moment. Chevreul a rendu un bien détestable service à l'art, en appliquant l'aniline à la fabrication des couleurs.

Bref, l'artiste doit pouvoir laver, éponger, brosser son aquarelle, gratter son encre de

Chine ou gommer son dessin, livrer au temps ses épreuves d'eau-forte, de burin, de lithographie, appliquer sa peinture à l'huile sur un papier qui ne le trahira pas.

Si les papiers anciens ont gardé leur belle matière et respecté le travail qu'on leur a confié, c'est beaucoup parce qu'on laissait longtemps se dissocier le fil de chiffon dans l'eau et que les effilocheuses n'en brisaient pas la fibre. *M. Béraldi* est convaincu que c'est à ces conditions notamment qu'on obtenait la pâte si riche des papiers à gravures, qui permettait un foulage considérable et dont les estampes du XVIIIe siècle offrent de si merveilleux exemples. »

Un maître de la peinture à l'eau nous disait que quand deux *véritables* aquarellistes parlent entre eux, ils reviennent toujours à cette question du papier. Et ils y mettent l'ardeur des vieux soldats, qui racontent leurs batailles.

Un peintre exquis, dont les envois aux *Aquarellistes* sont la joie des yeux, exprimait une idée, qui répondait, chez lui, à une préoccupation d'ordre moral.

« Au fond, disait-il, le métier d'aquarelliste est un métier comme un autre. Nous sommes des artisans, qui vendons les produits de notre industrie. L'acheteur a droit à de bonne marchandise : il la paie en conséquence. Si les matières employées — papier et couleur — ne valent rien, l'objet vendu se détériore et l'acquéreur est trompé sur la qualité de la chose. »

On sait que *M. Harpignies* se plaît à faire de petites aquarelles sur des bouts de carton, des menus ou des billets de faire part. M. Dujardin-Beaumetz le suppliait, dans un banquet récent, de ne plus peindre sur des couvercles de boîtes à veilleuses. Le vieux maître s'en amuse, mais il a soin de n'employer que de très beaux papiers pour les pièces d'importance. Il nous a parlé, avec enthousiasme, des papiers d'autrefois, italiens et anglais. Il nous a affirmé que seuls les papiers français pouvaient rivaliser avec ceux d'antan.

Au bord de quelques-unes de ses plus géniales aquarelles, se lit facilement le filigrane d'Arches. Il nous a écrit à cet effet : « J'ai fait des essais sérieux des papiers d'Arches divers, je les ai tous trouvés de mon goût. J'affirme bien sincèrement que j'en suis enchanté. »

Un jour, nous demandons à *M. Jules Breton :*

« Maître, que pensez-vous du papier d'Art ?

— ... Du papier d'Arches... ?

— Si vous voulez.

— Monsieur, je n'ai jamais fait d'aquarelle et n'ai pas d'opinion.

— Mais vous avez fait beaucoup de dessins ?

— J'ai toujours dessiné sur du papier écolier, que je trouve excellent. Comme il est agréable ! Le crayon trotte dessus, les ombres se font légères... »

Et pour joindre l'exemple au précepte, M. Breton nous conduisit dans son escalier, où nous décrochâmes d'adorables portraits de femmes à la mine de plomb. Mais, *miserabile visu !* le papier était tout jauni et criblé de petits champignons, qui rendaient méconnaissable cette œuvre charmante. Et le grand paysagiste en était autant peiné que surpris. Il ne l'avait pas regardée depuis plus de quinze ans, nous avoua-t-il.

« Maître, si vous aviez dessiné sur du papier d'Arches... ?

— Hélas, oui. Papier d'Art et papier d'Arches sont synonymes. »

Alors, nous causâmes de choses diverses, du souci que doivent avoir les artistes à laisser à la postérité quelque chose d'eux-mêmes. Mais M. Jules Breton peut se rassurer. Si ses dessins s'altèrent, ses toiles restent.

« Je n'ai pas beaucoup de confiance, continua-t-il, en ce que disent de nous les journaux et les revues ; les livres aussi, hélas, s'impriment aujourd'hui sur un papier détestable, fait de bois et de mille autres choses, qui tomberont bientôt en poudre. M. Léopold Delisle répète parfois, avec un accent dont la malice n'est pas exempte, que la Bibliothèque Nationale se désencombrera bien toute seule... Plus rien ne restera, dans cent ans, de toute cette critique d'art. »

Mais l'écrivain aimable qu'est M. Breton peut se rassurer, car ses livres sont imprimés sur d'excellent papier.

C'est sur cette remarque que nous le quittâmes, après qu'il nous eut fait admirer les portraits et les bustes de famille qui sont l'honneur de son logis et la joie de sa glorieuse vieillesse.

II

Les papiers genre whatman et leurs défauts. Quelles conditions doit réunir un bon papier.

Poussant plus avant nos questions, il nous importait de demander aux artistes quel genre de papier a leur préférence, quel doit être sa pâte, son grain, ou son satiné, son épaisseur, sa légèreté, sa transparence, sa teinte, son format.

Il faut bien le dire, les réponses furent aussi nombreuses que variées, mais d'autant plus intéressantes. Les différents travaux, depuis le dessin au crayon jusqu'à l'aquarelle traitée à grande eau, en passant par les diverses sortes de gravures et le lavis

[1] Nous n'entendons faire allusion à aucune fabrique déterminée. Le mot whatman est passé dans la langue comme synonyme de papier à dessin, notamment de celui d'origine anglaise.

sous toutes ses formes ; la technique de chacun, son *faire* spécial qui caractérise sa personnalité, enfin les outils dont il se sert : plume, crayon, fusain, pastel, sanguine, pinceau, burin, obligent l'artiste à choisir un papier qui réunit impérativement telles ou telles qualités.

Une observation s'impose. La plupart des connaisseurs remarquent que toute la série des papiers étrangers, désignés ordinairement sous la qualification générique de « papiers Whatman », n'ont plus les grandes qualités d'autrefois. Combien d'artistes s'en affligent !

M. Harpignies nous écrit à ce propos : « Je me demande pourquoi on se sert le plus souvent encore de papiers anglais qui, à l'heure où je vous écris, sont loin d'être parfaits. » Les très beaux Whatman, dit-il, ceux de fabrication ancienne, étant devenus presque introuvables, en France surtout, il me paraît que les nouveaux papiers d'Arches sont appelés à avoir, même à l'étranger, un gros succès. »

M. Émile Adan exprime une idée semblable : « Avec le nouveau papier d'Arches « 300 livres » nous avons tous les avantages que nous donnait *autrefois* le bon papier Whatman et je ne tiens plus à en employer d'autres. »

M. Jeanniot déclare que les papiers d'Arches sont « bien supérieurs aux papiers anglais, Whatman, Harding, etc. ». Pour le dessin à la plume, *M. de Condamy* a une opinion analogue : « On vante souvent les papiers anglais, écrit-il, ceux d'Arches ne le cèdent en rien à toute la série des papiers Whatman, excellents jadis, mais dont la qualité semble aujourd'hui bien diminuée. » *M. L. Muller* nous donne ainsi son avis comme graveur : « Le Whatman *bien fabriqué* est certainement un beau papier, mais donne des épreuves d'une crudité fort désagréable... Depuis plus de vingt ans que je fais tirer des épreuves, je n'ai obtenu de résultats qu'avec le *Hollande d'Arches*. C'est le seul admissible pour la bonne venue des travaux, le seul qui garde à l'eau-forte sa chaleur et son velouté. »

Tous les graveurs savent en effet fort bien que les meilleurs tirages se font sur des papiers français, mais la force de l'habitude est telle qu'on les appelle toujours « papiers de Hollande ». *M. A. Porcabeuf* nous dit qu'il les considère « comme des meilleurs parmi les différentes fabrications de papiers similaires dits de « Hollande ». J'ajouterai même que, pour les tirages des grandes estampes, ils sont de beaucoup supérieurs ». *M. Ch. Wittmann* n'est pas moins catégorique : « Les papiers d'Arches sont excellents. Ceux que j'emploie pour l'impression en taille-douce peuvent rivaliser avec les meilleurs papiers de Hollande ; je leur donne même la préférence. C'est aussi sur papier d'Arches que se font la plupart des tirages exécutés à la chalcographie du musée du Louvre. »

Ainsi donc, s'il y a encore un préjugé pour les papiers étrangers, c'est surtout un préjugé de mots. Et *M. Albert Guillaume* exprimait spirituellement cette idée en nous donnant son opinion sur les papiers d'Arches : « Je ne leur vois qu'un défaut, mais un très grave défaut pour les Français, c'est de ne pas être fabriqués en Angleterre ! »

Il serait difficile d'énumérer tous les types de papiers que demandent certains artistes.

Sur deux aquarellistes, l'un ne se sert que d'une sorte de carton formé de plusieurs feuilles de papier collées entre elles, et au grain approprié ; l'autre veut un papier de pleine pâte, rugueux comme une écorce de chêne. Tel graveur n'admet qn'un papier très mince, légèrement teinté, tel autre souhaite une feuille fort épaisse pour le foulage. Il semble que les papiers d'Arches peuvent leur donner satisfaction. *M. Achille Jacquet* nous écrivait en effet : « J'ai été surpris d'obtenir sur du papier fort des épreuves aussi puissantes de ton, joint à une extrême finesse dans les demi-teintes. » C'est également l'opinion de *M. Henri Lefort.*

Un dessinateur exigera que sa plume glisse sur une surface parfaitement lisse ; un autre voudra tirer des effets d'ombre avec les aspérités de la pâte ou les stries de la verjure. Celui-ci demande un papier sec et sonore, celui-là une feuille flexible et onctueuse au toucher, où le crayon se promène avec volupté sur le satin du *pur chiffon*.

La question de la couleur du papier est, pour certains, fort importante. Un maître de la sanguine supplie qu'on lui donne des tons bistrés ou éburnéens, à moins que ce ne soient des effets de mauve ou de vert pâle, ayant toutes les délicatesses du cou de la colombe.

Quelques artistes demandent au papier l'aspect de ces pages qu'on retrouve à la fin des registres ou des contrats du temps passé, sous la couverture des vieux antiphonaires. Ce sont les archéologues et les poètes, ceux-là ! Ils ont des mots d'amoureux pour décrire le type rêvé, dépeindre son coloris, le velouté de l'épiderme. *M. Detaille*, *M. Maurice Leloir*, *M. Jean Veber*, *M. Willette*, *M. Helleu*, pour ne citer que quelques noms, sont jaloux de leurs collections. Nous savons des artistes qui, comme eux, sont de passionnés collectionneurs de papiers anciens. Nous avons vu s'ouvrir certaines armoires, qui abritent des feuilles portant des millésimes vénérables. L'amateur de vieux papiers en sort une avec des précautions infinies ; il la caresse, la frappe d'un coup sec pour montrer comme elle est sonore ; il l'expose à la lumière, pour faire admirer sa pâte égale et transparente. Ce sont presque des pièces de musée : on n'ose pas s'en servir, il n'en resterait bientôt plus. Mais l'anachronisme est charmant qui campe, sur une feuille du temps de Watteau, le souple profil d'une Parisienne d'aujourd'hui !

Certains dessinateurs reprochent parfois à la feuille, qui sort de la forme, de n'avoir point encore cette patine exquise que les siècles seuls peuvent donner aux choses, au marbre comme à l'ivoire, comme au bois, comme au bronze, comme au papier. Ils oublient qu'à notre admiration, pour les œuvres d'autrefois, se mêle comme un charme sentimental, ce charme délicieux que l'esprit imagine à l'art du passé, indépendamment de sa beauté matérielle. Mais c'est le temps qui lui prête une grâce, un peu de cette âme que les longs jours peuvent seuls façonner et en qui nous trouvons un symbole. Cette eau-forte s'est dorée aux rayons assidus des soleils ; cette page de livre a dormi pendant un siècle avec la fleur qu'on lui a confiée. Chaque été, l'éclat du sourire s'éteint sur ce visage ; mais si le pastel pâlit du portrait de Phyllis, en est-il moins attachant ? Le temps parachève l'œuvre des bons artisans de jadis et l'embellit. Nous y goûtons maintenant quelque chose qu'ils n'y avaient pas mis, comme nos petits-fils goûteront autre chose que ce que nous pouvons mettre dans celle d'aujourd'hui.

Nous croyons cependant que les papiers, fabriqués de nos jours, ont les vertus de leurs aînés. M. *Gervex*, dont voici l'opinion sur les papiers d'Arches, l'affirme en disant, avec trop de modestie, qu'ils ont « retrouvé la qualité des papiers anciens, avec une finesse de grain qui fait glisser le crayon et nous donne l'illusion de faire un dessin de maître ».

Si, matériellement, on pouvait réaliser tous les types de papiers demandés par les artistes, leur ensemble formerait une collection innombrable, un *stock* immense, dont l'écoulement serait impossible. Aucune industrie n'y pourrait résister. Nous verrons en effet quelles difficultés présente la fabrication du véritable papier d'art, le coût des matières premières, les soins qu'exige le traitement de chaque feuille, jusqu'à l'instant où elle peut être livrée au public ; mais malgré l'extrême diversité de goût des artistes, on peut dégager quelques idées d'ensemble sur les sortes de papiers qui réunissent tous les suffrages.

En dehors des séries de papiers à dessin, dits « papiers Ingres » — que beaucoup de pastellistes préfèrent au papier à pastel proprement dit et des satinés de médiocre épaisseur pour le dessin et le lavis, — la plupart des artistes demandent des papiers très épais, depuis le satiné le plus lisse jusqu'au torchon le plus rude. Il est inutile de citer des noms : ils sont légion. Le vœu des aquarellistes et des illustrateurs est que le papier soit assez fort pour n'avoir pas besoin d'être fixé sur une planche ou tendu avec le stirator. Le travail est mieux défendu contre les chocs, les manipulations, les hasards du transport, lorsqu'il est exécuté sur un papier, résistant comme du carton. La feuille, en ayant plus de consistance, semble donner plus de prix au travail. Un artiste ajoutait que l'acheteur y est sensible, car, parfois, il ne comprend pas qu'on puisse faire un chef-d'œuvre sur un papier mince comme une batiste.

Nombre d'artistes demandent avec une forte épaisseur, un format supérieur à l'*impérial* et même au *grand aigle*. Il est souvent disgracieux de réunir deux feuilles pour une aquarelle ; la jonction reste toujours apparente et d'un effet désastreux lorsqu'elle traverse les parties claires. On voit tout le profit que les architectes en peuvent tirer pour les vastes reconstitutions ou les plans dessinés sur une grande échelle et si souvent gâtés par la juxtaposition des feuilles. Enfin les décorateurs désirent des papiers fort longs pour les frises, les grands panneaux.

Nous verrons, au chapitre suivant, comment la fabrique d'Arches a résolu ce difficile problème.

CHAPITRE II

L'ART DE FABRIQUER A ARCHES LE PAPIER A LA FORME ET LES RÉSULTATS OBTENUS.

I

L'eau et les matières premières.

Indépendamment du choix des matières premières : chiffon, gélatine, produits chimiques, la qualité de l'eau est une condition primordiale. Il s'est trouvé que celle du Ruz de Raon était exceptionnellement favorable. Quelque étrange que cela puisse paraître, les cours d'eau, indispensables à la composition de la pâte, sont infiniment rares. Ils doivent joindre à la pureté mécanique une pureté chimique parfaite, offrir un aspect argenté spécial, en un mot, réunir des conditions quasi mystérieuses, que l'analyse est impuissante à réduire en formules. Bien plus, sur deux cours d'eau ayant une origine commune, cheminant sur un sol géologiquement identique et coulant parallèlement, l'un pourra être excellent, l'autre détestable. Une longue expérience seule permet de juger de la qualité de l'eau et, dans quelle mesure utile elle peut contribuer à la réussite du produit. Le seul chiffon employé est de lin et de coton, de la plus belle qualité et d'une blancheur parfaite, afin d'éviter tout emploi de matières décolorantes.

II

Comment une équipe d'artisans font une feuille de papier.

Les chiffons sont *délissés*, c'est-à-dire coupés, triés soigneusement et secoués, morceau par morceau, pour en enlever tous les corps étrangers, puis lessivés et lavés, pour en extraire la cellulose pure. Toute matière grasse doit en effet être écartée.

Jusqu'ici des soins minutieux suffisent ; l'art commence avec la trituration du chiffon dans des piles. Une dextérité particulière est indispensable, ainsi que certains petits secrets, gardés aussi soigneusement qu'au temps des alchimistes. Le battage, que doit subir la pâte, présente une extrême difficulté pour réaliser une homogénéité absolue et donner aux fibres la régularité nécessaire. Du travail de la pile dépend la réussite du papier. La durée et le mode de macération de la matière, l'instant de son emploi doivent être fixés avec précision, pour éviter qu'elle ne fermente et ne se gâte. On a reconnu que dans deux usines voisines, on obtient, avec du chiffon et des outils absolument semblables, deux pâtes tout à fait différentes. Mais c'est un mystère qui n'a jamais pu être expliqué.

Après avoir suivi dans les *sabliers* un parcours supérieur à cent mètres, pour y déposer les sables les plus fins qu'elle pourrait encore contenir, la pâte traverse des *épurateurs* munis de fentes de trois dixièmes de millimètres. Celles-ci ont pour effet de ne laisser passer que les fibres les plus ténues. La pâte est à ce moment versée dans la cuve. C'est alors qu'elle est *formée* à l'état de feuilles, par des ouvriers, qui sont, en leur métier, de véritables artistes.

Ils constituent une équipe par cuve, où chacun a un rôle spécial.

Le *puiseur* plonge la forme — sorte de tamis

de cuivre, ayant la grandeur de la future feuille — dans la cuve remplie de pâte. Puis il la relève et lui imprime des mouvements de balancement destinés à entre-croiser, *feutrer*, les fibres entre elles. Cet ouvrier puise chaque fois l'exacte quantité de pâte, pour que toutes les feuilles aient l'épaisseur et le poids nécessaires. Le puiseur y doit employer une adresse rare, qu'un exercice de plusieurs années peut seul faire acquérir.

Le *coucheur* renverse la forme, garnie de sa feuille, encore pâteuse et inconsistante, et l'applique sur une flanelle épaisse, où elle se colle. Il étend dessus une nouvelle flanelle : Ce sont ces flanelles, ces *draps*, en terme du métier, qui donnent au papier son grain. Une pile de 26 draps avec 25 feuilles intercalées s'appelle *porse*. Celle-ci, lorsqu'elle est complète, est déposée sous une presse hydraulique et pressée à 250 atmosphères. L'eau est ainsi exprimée de la feuille, qui se resserre et se condense. Elle acquiert alors assez de consistance pour être maniée.

C'est à cet instant qu'intervient le *leveur*, qui prend, une par une, les feuilles encore humides et les détache des draps. Elles sont portées à l'étendoir et séchées à l'air, sur des cordes. De ce séchage dépendra, en une large mesure, la qualité du papier. Lorsque les feuilles sont sèches, elles sont examinées par des femmes, les *éplucheuses*, qui les classent selon l'épaisseur, et jettent au rebut celles qui sont défectueuses.

La feuille est encore à ce moment à l'état de buvard. Elle passe donc à l'atelier de collage. Là, elle est plongée dans un bain de gélatine, qui doit être d'une pureté parfaite exempt d'acides et absolument neutre. La qualité de la gélatine, sa préparation, sa densité, sa température sont autant de conditions de succès et l'absence de l'une d'elles pourrait compromettre le produit. Leur détermination n'a pu être précisée, qu'après de longues expériences. La feuille subit dans cet atelier jusqu'à six collages et étendages à l'air successifs, qui font pénétrer la gélatine jusqu'au cœur de la pâte. Entre chacun d'eux le papier est soumis à l'opération du relevage, qui consiste à échanger les feuilles entre elles puis à les presser. On recommence cinq ou six fois cette opération, en intervertissant toujours l'ordre des feuilles, afin qu'à chaque pressage les mêmes feuilles ne se retrouvent jamais en contact. C'est seulement ainsi qu'on arrive à donner au grain la régularité nécessaire. Cette opération, longue, délicate et coûteuse, est une des plus indispensables, puisqu'elle rend complète la pénétration de la gélatine, qui permet le lavage, l'épongeage, le gommage et le grattage, jusqu'à ce que la feuille ait perdu la plus grande partie de son épaisseur, pour n'être plus qu'une véritable « pelure d'oignon ».

La gélatine est alors *fixée* et rendue insoluble et imputrescible par un procédé spécial, gardé secret. Après une dernière revision, les feuilles, parfaitement collées et définitivement séchées, sont apprêtées sous presse et mises en rames.

On voit donc, par ces détails, qu'il n'était pas exagéré de dire, avec les vieux auteurs, que la fabrication du papier à la main est un art véritable, qui n'a rien de commun avec celle des papiers mécaniques. Pour celle-ci, tout est bon : chiffon vieux, quelle qu'en soit la couleur, *drilles* et *drapeaux*, bois râpé ou paille... La pâte, faite mécaniquement, est conduite à la machine, d'où elle sort à l'état de feuilles finies, séchées à la vapeur, collées en pâte, coupées, prêtes à la livraison. Aussi le prix de revient est-il dix fois moindre que celui des papiers à la forme.

Les détails et les soins qu'exige la fabrication de ceux-ci expliquent leur prix relativement élevé et pourquoi tant de fabricants ont échoué dans leurs tentatives.

III

Efforts des maîtres papetiers d'Arches pour perfectionner les papiers d'art.

Si l'Angleterre, pour les papiers à dessin, la Hollande pour les papiers d'impression, ont eu longtemps le privilège de fabriquer les plus beaux types d'Europe, le souci de les égaler, puis de les surpasser n'a cessé de hanter l'esprit des papetiers d'Arches.

Les formats exceptionnels -- notamment des feuilles de cinquante et un pouces ! — qu'avait su réaliser, vers 1806, l'un d'eux, Léopold Desgranges, pour le grand ouvrage : *La description de l'Égypte*, furent un premier progrès déjà immense. Quand on connaît une telle industrie, on comprend la difficulté de fabriquer une feuille de papier à dessin de grand aigle. Les bras de l'artisan qui saisissent la forme, la plongent dans la cuve, l'en retirent et l'égouttent ne peuvent s'allonger indéfiniment...

Des spécialistes déclarèrent qu'il était impossible de fabriquer des papiers de cinquante et un pouces. Nous verrons bientôt que ce tour de force a été répété et rendu encore plus difficile.

Le prodigieux développement de la peinture à l'eau a conduit notre manufacture à diriger sa fabrication, vers les *papiers d'Art* c'est-à-dire les plus beaux et les plus fins, parallèlement à celle des papiers d'impression et fiduciaires : billets de banques, titres, etc., à filigranes inimitables. Mais il ne nous appartient pas de parler de ces derniers.

De nombreux fabricants français ont essayé de rivaliser avec les Whatman, et plusieurs, après des tentatives infructueuses, où ils avaient dépensé beaucoup de temps, d'intelligence et d'argent, se sont découragés. C'est en 1892 que l'usine d'Arches commença le perfectionnement de cette fabrication, en essayant de lui donner toutes les qualités du véritable Whatman et en évitant les défauts qu'on lui reproche. Les essais ont été longs, difficiles, extrêmement coûteux.

Les progrès ont été lents, il est vrai, mais chaque année a apporté une amélioration.

Un laboratoire fut créé, dès l'origine, qui permit la surveillance journalière, les expériences multiples sur tous les produits concourant à la fabrication, ainsi que sur les papiers fabriqués. Pendant dix ans, on a cherché à obtenir la qualité capitale pour beaucoup d'artistes : l'inaltérabilité à l'air et à la lumière. Des feuilles d'essais ont été exposées au grand air et au grand soleil, puis dans un endroit humide, pendant dix mois consécutifs. On avait placé, dans les mêmes conditions, des feuilles de plusieurs autres marques. L'expérience a été faite de la manière suivante. Les feuilles étaient disposées de façon à réserver, comme témoin, une portion de chacune d'elles, à l'abri de l'air et de la lumière par un épais carton noir. Les dernières expériences ont prouvé que tous les papiers, sauf ceux d'Arches, avaient jauni. En outre, dans tous les papiers, le collage avait disparu de la partie insolée, et, après un léger grattage, le papier devenait complètement buvard. Le papier d'Arches seul avait conservé tout son collage. Ces expériences ont été répétées plusieurs fois, notamment avec les papiers spéciaux à l'architecture et toujours avec un égal succès.

Mais il est une autre série d'expériences, plus convaincantes peut-être, parce qu'elles sont officielles, qui ont été faites par *l'Établissement royal mécanico-technique d'essais de Berlin-Charlottenbourg*, et qui présentaient les plus sérieuses garanties d'impartialité. Il s'agissait de comparer le papier d'Arches au Whatman, au double point de vue de l'aptitude pour le dessin et pour le lavis. Le papier soumis à l'établissement de Berlin-Charlottenbourg portait le filigrane J. Perrigot-Arches. Le Whatman servant de comparaison avait été acheté dans le commerce. Nous croyons utile de reproduire le texte exact du certificat, délivré par l'établissement allemand.

CERTIFICAT D'ÉPREUVES

DE

L'établissement royal mécanico-technique d'essais

BERLIN-CHARLOTTENBOURG

A. — *Essai de Dessin.*

Les traits au tire-ligne ont eu la même finesse sur les deux papiers. On a pu complètement enlever, en les grattant, les traits des deux papiers. Dans l'expérience, le Perrigot-Arches a perdu plus de matière que l'échantillon Whatman.

En exécutant de nouveaux traits sur les surfaces grattées, on a obtenu de nouveau des traits également fins sur les deux papiers. Le lavage a fait disparaître complètement les traits des deux papiers. Sur le Whatman, les places lavées sont devenues *un peu rugueuses.* Sur les places lavées, les nouveaux traits exécutés sur le papier Perrigot ont paru *plus fins que sur le papier Whatman.*

B. — *Essais de Lavis.*

Les surfaces couvertes de couleurs se sont montrées *un peu plus régulières sur le papier Perrigot* que sur le papier Whatman.

On a pu, en grattant, enlever complètement la couleur des deux papiers. La modification des surfaces a été la même lors du grattage des traits.

Les places grattées ont pu recevoir de nouveau le lavis, également bien sur les deux papiers. Au moyen d'un lavage, on a pu enlever complètement la couleur appliquée sur les deux papiers.

Les places lavées sont devenues rugueuses et cela *à un degré plus prononcé* pour le papier Whatman. En appliquant de nouveau de la couleur sur les parties lavées, les rugosités sont devenues apparentes sur les deux papiers par suite de la formation de stries fines.

Sur les deux papiers, les parties grattées ou lavées ont pris, quand on les a de nouveau soumises au lavis, plus de couleur que les parties non grattées.

IV

En quoi réside la supériorité des papiers d'Arches.

Que pensent maintenant les artistes français des longs efforts tentés par les papeteries du Ruz de Raon? Ont-ils ratifié les constatations, bien désintéressées, on l'avouera, de l'établissement royal d'essais allemand? L'expérience, quatre fois séculaire, des artisans lorrains a-t-elle produit ses fruits ?

Nous avons pu compulser le dossier complet de la correspondance des artistes avec la maison d'Arches qui forme, pour celle-ci, la plus précieuse des références. Il ne nous appartient pas dans cette étude, purement technique, de la rapporter. On nous permettra seulement de citer quelques opinions qui nous ont semblé utiles à la démonstration de notre thèse et rentrer dans le cadre général de notre enquête [1].

Tous les artistes sont d'accord sur un premier point : la solidité et la résistance des papiers d'Arches, qui permettent les reprises sous toutes les formes ; la régularité de leur matière, la finesse de leur pâte, qui laisse au trait de plume ou de crayon toute sa délicatesse, à la touche de couleur toute sa netteté. Ainsi M. *D. Maillart* écrit : « J'ai soumis le papier d'Arches à toutes les épreuves : grande eau, épongeage, frottis, reprise, etc., et il s'est comporté avec une *solidité* que je ne connaissais pas encore. »

M. *Jeanniot* dit : « Il m'est arrivé de nettoyer une feuille et de refaire dessus une aquarelle tout autre que celle qui s'y trouvait

[1] Au surplus, ceux que cela peut intéresser trouveront dans les brochures de publicité répandues par la maison d'Arches la collection de ces lettres, publiées in-extenso. Parmi celles-ci, on remarquera notamment l'opinion de MM. Chartran, Rochegrosse, Léon Glaize, Patricot, Paul Saïn, Vignal, A. Lunois, Zuber, Rixens, Raffaëlli, Lecomte du Noüy, Abel Faivre, Armand Berton, Tenré, Rossert, Rivoire, Joseph Bail, Mlle Abbéma, etc., etc.

primitivement. Je ne crois pas qu'on puisse faire cela sur des papiers anglais. » M. *Chauvel* n'est pas moins affirmatif : « J'ai employé différents procédés, dit-il, lavage, grattage, enlevage, dragage, etc., etc. Le papier a merveilleusement résisté à cette cuisine. Le grain donne aux teintes un velouté des plus séduisants ». « Je n'en connais aucun, dit M. *Léandre*, à l'épiderme aussi sensible, qui se laisse gratter avec autant de complaisance et de résistance que ce papier. Je n'en connais pas non plus qui soit plus agréable pour les crayons à pierre tendre et pour la plume. »

Mme *Delacroix-Garnier* conclut, après de longs essais : « Je puis gratter, raturer, laver à grande eau. C'est donc parfait. » M. *Rame* est d'un avis identique : « J'ai pu peindre, laver, gratter, rattraper des blancs : je suis à mon aise. »

M. *H. Morin* a fait subir aux papiers d'Arches les épreuves les plus variées : « Je les ai soumis aux grattages les plus énergiques : ils ont résisté et je dois avouer que, pour un illustrateur ils remplissent toutes les qualités désirables ».

M. *Gignoux* remarque qu'il n'a eu sur aucun des types essayés « à déplorer des taches, qui se rencontrent fréquemment depuis quelque temps dans les papiers anglais ».

Ces caractères se retrouvent dans les papiers non collés pour la gravure, ce qui fait dire à M. *Muller* : « Une épreuve tirée jadis sur ce papier et retrouvée n'importe où peut subir tous nettoyages, lavages et manipulations, ce qui ne serait nullement le cas du Japon ou du Chine. »

En même temps que les artistes ont constaté cette exceptionnelle résistance au lavage et au grattage, ils ont remarqué que la pâte, par sa matière, franche et onctueuse, laisse à la couleur un éclat et une transparence remarquables.

L'avis textuel de quelques-uns vaut mieux qu'un commentaire.

Mme *Faux-Froidure* écrit qu'elle trouve au papier d'Arches « des qualités très grandes, spécialement au point de vue de la fraîcheur de ton, auquel il garde tout son éclat, chose très rare... Il laisse aux couleurs un éclat et un brio que je n'ai encore jamais trouvés ». M. *Maillart* estime que « il permet au praticien de manier les teintes en toute aisance et facilite les reprises plus qu'aucun papier employé jusqu'à ce jour ». « Il est, dit M. *Filliard*, d'une pâte très onctueuse qui conserve à la couleur tout son éclat, même dans les teintes les plus foncées. » M. *Julien Tinayre* a également constaté que ce papier « garde le trait dans ses moindres finesses et conserve la valeur des colorations dans une belle harmonie ». M. *Le Mains* remarque qu'il « prend bien la couleur, la retenant assez pour permettre les superpositions de tons largement lavés, sans que les dessous se déplacent. Il n'absorbe cependant pas trop et permet par suite de rattraper les clairs au pinceau ou à l'éponge ».

C'est ce que confirme M. *A.-P. Laurens* :

« J'en ai fait, dit-il, deux essais qui m'ont ravi. Il conserve l'eau d'une manière exceptionnellement précieuse et résiste indéfiniment aux mouillages[1]. »

[1] Nous n'avons point oublié dans notre enquête les professeurs de dessin. La faveur du papier d'Arches auprès d'eux est une des preuves les plus caractéristiques de sa qualité parfaite. Il a fallu des années pour faire abandonner les papiers anglais dans les écoles, mais si le succès a été lent il n'en est demeuré que plus décisif. Le regretté M. Bécourt, professeur au lycée Saint-Louis, fut un des premiers à *découvrir* la marque d'Arches et en resta, jusqu'à sa mort, un vulgarisateur ardent. Parmi les amis fidèles des papiers français, on peut citer au hasard : MM. Henri Lefort, inspecteur général de l'Enseignement de dessin dans les Lycées, Léon Glaize, professeur à Saint-Cyr, Fraipont, professeur à la maison de la Légion d'honneur, Keller, professeur à l'école J.-B. Say ; Régamey, professeur de la Ville de Paris, etc., etc.

V

Les nouveaux papiers très épais et très grands.

Si notre enquête a eu pour résultat immédiat de faire ressortir les qualités de l'*Arches*, elle a indiqué, non moins nettement, les préférences de la plupart des artistes pour les papiers très épais et très grands.

En dehors des diverses espèces de cartons plusieurs types de papiers pour le dessin et la peinture à l'eau ou à l'huile ont été obtenus, qui complètent les séries de papiers d'art, sur lesquelles nous venons de citer quelques opinions. C'est l'œuvre de Léopold Desgranges qui a été reprise et dépassée par les petits-fils de ceux qui travaillaient pour la *Commission d'Égypte*.

Un papier, d'un format inconnu jusqu'à présent, a été fabriqué après de laborieuses tentatives. Il est d'une grande épaisseur et mesure $1^m,75$ sur $0^m,82$. Il existe en satiné et grenu. Ses qualités pour le lavis et l'aquarelle sont aujourd'hui reconnues. On lui a donné le nom de *Grand Arches* et nous croyons pouvoir affirmer que, dans aucun pays, on n'a jamais pu surmonter une telle difficulté.

M. *Gaston La Touche*, nous écrivait qu'il était heureux d'avoir contribué à décider la fabrique d'Arches à réaliser ce type. Il espère qu'il développera le goût des artistes pour l'aquarelle : « Le beau papier d'Arches que j'ai sous les yeux, dit-il, et qui ne le cède en rien à aucune autre marque, les tentera et permettra de mettre au premier rang un procédé de peinture admirable. »

Le *Grand Arches* enthousiasme M. *Félix Régamey* : « Comment, écrit-il, resterions-nous insensibles à la création toute récente d'un papier d'une solidité à toute épreuve qui mesure $1^m,75$ sur $0^m,82$, aussi propre à la large aquarelle qu'à la peinture à l'huile ! »

Il sera non moins utile pour les grands travaux d'architecture et c'est de lui que parle M. *Duray* : « J'ai constaté qu'il réunissait les conditions les plus favorables pour tous les travaux qui concernent la profession d'architecte. »

Un autre type, spécial pour l'aquarelle et l'illustration, de format impérial, lisse, à grain moyen et à grain très rugueux, est aussi fabriqué. Il pèse 300 *livres* la rame.

C'est, on peut le dire, le plus populaire. MM. *La Touche*, *Albert Besnard*, *Gervex*, *Harpignies*, *Maurice Leloir*, *Lepère*, *Julien Dupré*, et tant d'autres en font de grands éloges.

C'est de ces papiers que M. *Albert Maignan* nous dit : « Ils sont de tous points excellents, très homogènes et n'ont rien à envier aux meilleurs papiers anglais. Je suis heureux de me joindre à ceux qui les adopteront désormais. »

Une sorte de carton, composé uniquement de feuilles collées ensemble et formant un tout homogène de pleine pâte existe en trois sortes d'épaisseurs. Il est goûté pour les dessins rehaussés et l'aquarelle traitée avec peu d'eau. Voici ce qu'en pense M. *A. de Richemont.* « Le papier d'Arches très épais et en même temps très fin comme grain, bon pour le lavis retouché au crayon, se prête fort bien à ce genre de travail. Mieux que sur les autres papiers employés, on peut reprendre sans alourdir et c'est là un mérite qui n'est pas mince et auquel je rends hommage. » « Très pratique et très agréable à employer, dit M. *Fraipont*, sont les papiers contre-collés formant carton et qui suppriment l'ennui du tendage, fort désagréable, surtout lorsqu'on travaille sur la nature ». Appliqué sur un panneau de bois, il forme un *substratum* excellent pour la peinture à l'huile. Celle-ci, pénétrant au cœur du papier, s'enfonce dans le bois et lie intimement les deux matières. La couleur, un peu mate, conserve un velouté que ne saurait atteindre la peinture sur toile. Clouet a exécuté certains portraits de cette manière, qui ont traversé les siècles en gardant une fraîcheur incomparable. Vibert a souvent employé ce procédé qu'il recommandait à ses amis.

M. *Luc-Olivier Merson* a une grande prédilection pour ce genre de travail. C'est surtout à cette sorte de papier qu'il faisait allusion en écrivant ces mots qui pourraient servir de conclusion à une étude comme celle-ci : « J'espère que tous les artistes comprendront qu'il est temps d'abandonner la routine qui prête aux produits exotiques des qualités que nos produits possèdent au moins au même degré et que tous adopteront les papiers de la fabrique d'Arches. »

CHAPITRE III

LES MOULINS A PAPIER D'ARCHES ET ARCHETTES DE 1492 A 1906

I

Depuis l'origine jusqu'à la Révolution. Beaumarchais, maitre papetier d'Arches. Le Voltaire de Kehl.

Après avoir fait connaître l'avis de quelques artistes sur les papiers d'Arches, on nous permettra de rappeler certains fastes des moulins du Ruz de Raon. Si la tradition est indispensable pour fabriquer de bon papier d'art, on avouera qu'ils ont le droit de revendiquer l'honneur de posséder la plus ancienne. Ils sont sans doute les premiers en France parmi ces vieilles *papelleries*, qui comptent cependant plusieurs siècles d'existence.

Le plus lointain souvenir qui subsiste de

nos moulins d'Arches et d'Archettes est le *Compte rendu de recettes d'Arches* pour l'année 1492-1493, où il est dit que « Marc, papellier, demeurant à Archettes doit chacun an à nostre souverain seigneur, au terme de Sainct Martin pour une papellerie qu'il a sur le ruz du dit Archettes vj gros. » D'autre part il est dit que « Allexys, genre (gendre) Collin, le papellier, demeurant à Archettes, doit chacun an au dit terme de Sainct Martin, pour cause de la papellerie feu Collin Aubry, qu'il tient, une livre de cire. » On voit donc que la création de nos *papelleries* est antérieure à 1492.

Il serait trop long de suivre pas à pas leur histoire.

Au XVIe siècle, sous le duc Charles III, ils sont acensés à Bastien Demangeon, puis passent en différentes mains, subissent les calamités de la peste et de la guerre des Suédois, au milieu du XVIIe siècle.

Cependant, chaque possesseur agrandit son domaine d'un lopin de terre ou de bois. De 1698 à 1734, les moulins appartiennent à

Jacques Vanesson, bourgeois notable, maire de Remirement et à sa femme Barbe Thouvenel. Ils avaient une valeur de 16 000 francs de Lorraine.

Leur prospérité ne fit que croître pendant tout le XVIIIe siècle. Beaumarchais les acquit des héritiers Cupers, qui les exploitaient en société. C'est là qu'il devait fabriquer la plus grande partie du papier destiné à sa fameuse édition du Voltaire de Kehl et il se proposait de publier par la suite, les œuvres d'un grand nombre d'écrivains. Les moulins d'Arches et d'Archettes se sont trouvés ainsi, pendant près de dix ans, associés à la vie si mouvementée du dramaturge-négociant. Leur histoire forme un chapitre bien curieux de son extraordinaire existence. Ils ont été un constant objet de ses préoccupations, ainsi que le démontre sa correspondance commerciale, où la plume de l'auteur du *Mariage de Figaro* se reconnaît. Il avait fondé une société dite *Société littéraire et typographique*, dans laquelle il ne prit que le titre modeste de *Chargé de la cor-*

respondance générale. Il semble bien pourtant qu'il était seul à la diriger.

Près de 2400000 livres y furent engagées, mais ses commanditaires restèrent anonymes. Il avait cru faire une opération très fructueuse. Il acheta les manuscrits de Voltaire environ 100000 écus, les caractères typographique de l'éditeur anglais John Baskerville 3 700 livres sterling, les papeteries d'Arches et d'Archettes 32000 livres.

Voici pourquoi il les choisit. Il avait chargé un certain Subito l'aîné, maître papetier à Rouen, de faire « une tournée en Lorraine, Alsace et Champagne » et de lui remettre un rapport sur les moulins à papier en activité. Ce rapport conservé aux Archives nationales, est un document d'une valeur inestimable pour l'histoire de nos papeteries : il est leur honneur. « Elles appartiennent, dit-il, à une Société très riche — les héritiers Cupers, — qui n'épargne, ni soins, ni dépenses pour en tirer le meilleur parti. » Subito insiste sur la qualité exceptionnelle de la petite rivière, qui serpente dans la prairie. A Arches, ajoute-t-il, l'eau est « très vive et argentée ». Pour Archettes, il a noté qu'on pouvait s'en procurer une très belle. Il entre dans des détails fort instructifs sur l'outillage, le mode de travail et constate que de grandes améliorations pourraient être apportées à l'exploitation. Il remarque la situation privilégiée des ouvriers ; « les grands avantages qu'on leur a abandonnés... leurs demeures qui sont agréables et vastes, tout les fixe et il n'est pas de cette usine comme de bien d'autres, dont les ouvriers partent sans regret ». Ainsi, de toutes les papeteries de Champagne, d'Alsace et de Lorraine, c'est celles d'Arches et d'Archettes qui parurent à Subito les mieux appropriées à la fabrication des beaux papiers, dont Beaumarchais avait besoin. Il les acheta donc, par contrats des 14 juillet et 10 septembre 1779.

Le papier était transporté à Kehl, où Beaumarchais avait installé son imprimerie. Il lui était impossible de surveiller lui-même ses moulins et il y installa divers gérants ; mais son choix fut rarement heureux. L'un était incapable, l'autre un peu fou ; un troisième fut d'une probité douteuse. Un sieur Gilbert de la Hogue, ancien capitaine de dragons, son ami et son *associé*, devait le seconder dans la surveillance de l'entreprise ; mais les dragons n'entendent souvent rien à fabriquer le papier ou à publier les écrits des philosophes. Aussi l'entreprise échoua lamentablement.

Les 6 000 exemplaires du Voltaire que Beaumarchais avait espéré vendre se réduisirent à un nombre infime. Harcelé par ses créanciers, il fut obligé de liquider la *Société littéraire et typographique* et de céder nos papeteries pour 50 000 livres aux frères Claude et Léopold Desgranges. Il n'avait même payé que le tiers du prix à ses prédécesseurs et les nouveaux propriétaires eurent à verser 24 000 livres aux héritiers Cupers. Cette vente fut passée par le sieur de la Hogue, au nom de Beaumarchais, qui la ratifia le 4 février 1789, ainsi qu'il appert des archives de la maison.

En dehors des beaux papiers d'impression

on fabriquait alors diverses sortes, selon un classement de chiffons en fin, cerné, saxe, depuis le blanc parfait — lin, coton, piqué — jusqu'aux indiennes, les toiles à voiles, les draperies, « les culottes et vestes de paysans ».

II

Arches et Archettes au XIXe siècle. La description de l'Égypte. La manufacture actuelle.

Depuis 1796 jusqu'aujourd'hui, la maison appartient à la même famille. Après une association avec Denis Couad, négociant à Paris, qui devint directeur, et un certain Hœner d'Épinal, Léopold Desgranges réunit tout l'établissement entre ses mains. C'est lui qui donna une impulsion nouvelle à la fabrication des grands papiers de luxe. En 1806, il obtint au concours, en raison de « sa moralité et de la supériorité de ses produits, qui rivalisent s'ils ne surpassent ce qui se fait de mieux en Angleterre », la fourniture des papiers destinés au célèbre ouvrage de la *Description de l'Égypte*, rédigé sur l'ordre de Napoléon est imprimé par l'Imprimerie Impériale. De 1807 à 1823, nos papeteries livrèrent plus de deux millions de feuilles, d'une qualité exceptionnelle et d'un format inconnu jusqu'alors. Le maître papetier avait dû se procurer un matériel spécial pour la fabrication de papiers de cinquante et un pouces. Mais cette fourniture devint fort onéreuse pour lui et il fut obligé de demander, sans succès d'ailleurs, une subvention sur les crédits affectés aux encouragements aux manufactures. Les appuis ne lui avaient cependant pas manqué. Les membres de la Commission d'Égypte, Monge et Berthollet, recommandèrent sa requête et le préfet des Vosges écrivit au ministre : « Tandis que les beaux papiers de Johannot et Montgolfier se vendent 21 sols la livre, on recherche ceux d'Arches à 26 sols. Il ne se fabrique nulle autre part des papiers aussi grands. »

Léopold Desgranges avait des connaissances étendues sur les conditions économiques de l'industrie en France, notamment sur celle de l'industrie papetière. Il fit une seconde demande de subvention, accompagnée d'*Ob-*

servations sur l'importance et la situation actuelle des fabriques de papier dans l'Empire français. Le Bureau consultatif des arts et manufactures, malgré l'avis favorable de Gay-Lussac et de Thénard, n'accorda pas la subvention. Le maître papetier en avait cependant grand besoin, car il avait soumissionné avec un rabais trop considérable et l'État lui payait fort mal ses livraisons. L'invasion de 1814-1815 lui porta un coup terrible. Le travail dut être interrompu pendant de long mois ; nombre d'ouvriers quittèrent les ateliers par suite des levées d'hommes. Le pain valait huit francs la livre ! Pour comble d'infortune, les alliés entrèrent en Lorraine.

Léopold Desgranges écrit le 12 mai 1814 : « 1 700 cosaques de la plus mauvaise espèce ont campé et séjourné dans ma commune pendant deux semaines. 250 étaient établis dans ma manufacture, avec autant de chevaux et 6 dans ma maison d'habitation. Tout y a été foulé aux pieds des chevaux, pillé, brisé et nulle part il n'y a eu d'exemple d'une semblable dévastation. Les dégâts et les pertes qui s'en sont suivis, ont été constatés et évalués à 45 000 francs. Les suites de cette énorme perte sont incalculables. Les cruches de notre acide muriatique des deux dernières années, qui étaient encore pleines, ont été brisées. Cela a produit un effet qui a rempli de rage ces hommes forcenés. »

Cependant Léopold Desgranges sut triompher de tant d'épreuves. A sa mort, les usines furent vendus à Denis Couad, qui les exploita jusqu'en 1833. La plus grande partie des produits étaient exportés à Munich et à Stuttgard ; les papiers inférieurs servaient aux imageries d'Epinal. Enfin les usines passèrent à son petit-fils, M. A. Morel, qui s'associa successivement M. Bercioux et M. Masure, beau-père de M. Jules Perrigot. C'est l'origine de la marque M B M — initiales du nom des trois exploitants — qui est connue dans toute l'Europe.

A partir de 1860, une nouvelle activité fut donnée aux usines, qui, longtemps, se spécialisèrent dans la fabrication des papiers timbrés de l'État. Mais la vieille papeterie du Ruz de Raon était devenue trop exiguë, et les inondations rendaient souvent le travail difficile. Aussi M. Morel construisit une nouvelle usine sur le même cours d'eau, un peu en amont de l'ancienne. Celles d'Archettes continuèrent à tourner. Cependant l'exploitation des trois moulins, éloignés les uns des autres, était fort incommode. La nouvelle usine finit par absorber toute l'activité industrielle ; Archettes la Basse fut abandonnée en 1870, la Haute en 1891. C'est l'usine d'Arches qui est seule exploitée aujourd'hui.

TABLE

CHAPITRE III

LES MOULINS A PAPIER D'ARCHES ET ARCHETTES DE 1492 A 1906

www.ingramcontent.com/pod-product-compliance
Lightning Source LLC
LaVergne TN
LVHW020042170826
845678LV00001B/390

* 9 7 8 2 3 2 9 6 9 1 9 3 0 *